AF322572

BETINA LOBO

A Aurora das Palavras Perdidas

NONSUCH MEDIA PTE. LTD.
SINGAPURA

ISBN: 979-8-89214-036-2

Primeira edição publicada em 2023

Título: A Aurora das Palavras Perdidas
Autora: Betina Lobo
Editores:A. Lee, Gastão Lobo
Design de Capa: Álvaro Oliveira para Nonsuch Media Pte. Ltd.
Execução Gráfica: Álvaro Oliveira para Nonsuch Media Pte. Ltd.

info@nonsuchmedia.com | nonsuchmedia.com

Índice

A JORNADA DA EXISTÊNCIA E VIDA

Independente de como se define a vida,
Vejo-a como uma jornada, sem medida.
Explorando a trama intrincada da existência,
Em busca de amor, justiça e resistência.

Independente de como a vida se
delineia,
Percebo-a como uma senda, cheia de
magia.
Explorando a teia, tão rica e densa,
Em busca de amor, justiça e
recompensa.

Não importa como cada um vê,
A vida é uma jornada, que nunca terá um
porquê.
Explorando a complexidade, da existência a
vibrar,
Em busca de amor, beleza e um lugar para amar.

BUSCA DA TAPEÇARIA INTRINCADA

Uma tapeçaria fina, a vida desenha,
Na sua busca constante, o coração
preencha.
Com amor e justiça, num mundo belo,
Buscamos a estética, em cada passo
singelo.

Na tapeçaria da vida, de fio a fio
tecida,
Vejo uma busca constante, de uma alma
decidida.
Em busca de um mundo, onde o belo
resplandece,
Onde justiça e amor, em harmonia, acontece.

10

Em busca de um mundo, onde o esplendor
brilha,
Com carinho e amor, a alma se trilha.
A jornada da vida, rica e profunda,
Explora a existência, até onde ela se funda.

Estética pura, felicidade e paixão,
O mundo que buscamos, com convicção.
A jornada da vida, em cores e tons,
Existência intrincada, em milhões de dons.

EM BUSCA DO ESPLENDOR

A jornada da vida, em cores e tons,
Existência intrincada, em milhões de dons.

11

MUNDO DE AMOR

Vida, uma viagem ao mundo abraçado,
Por amor, alegria, e o belo lado a lado.
O enredo é complexo, o caminho a traçar,
Em busca do belo, sempre a se encantar.

O mundo que ansiamos, onde o amor mora,
Sintonia e beleza, que a alma chora.
Uma jornada dedicada, com propósito e razão,
A vida é a busca, de coração em coração.

Em busca de amor, e justiça divina,
A jornada da vida, sempre nos ensina.
A trama é bela, o destino incerto,
Mas na busca do belo, sempre estamos   perto.

12

PERCEÇÃO DA VIDA

Como se define, ou percebe o caminho,
A vida é uma jornada, com
espinho e carinho.
Explorando a existência, com
todos os seus fios,
Em busca de amor,
significado e desafios.

Perceber a vida, uma viagem sem fim,
Onde exploramos, desde o começo até o sim.
Paz, beleza, o mundo que ansiamos,
Na tapeçaria da existência, sempre   nos
lançamos.

13

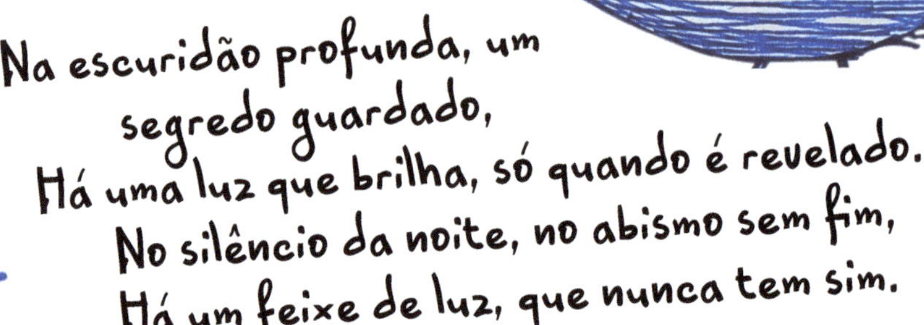

Na escuridão profunda, um
segredo guardado,
Há uma luz que brilha, só quando é revelado.
No silêncio da noite, no abismo sem fim,
Há um feixe de luz, que nunca tem sim.

Nas sombras do mundo, onde tudo é vazio,
Brilha uma luz, com o seu próprio brio.
Somente na escuridão, pode ser vista,
Revelando segredos, como uma artista.

Onde a escuridão reina, sem hesitação,
Surge uma luz, em quietude e contemplação.
É na noite profunda, que ela pode brilhar,
E nos olhos fechados, nos fazer sonhar.

LUZ OCULTA

A AURORA DAS PALAVRAS PERDIDAS

No abismo escuro, onde o medo habita,
Há uma luz que resplandece, e nos excita.
Somente nas trevas, a sua chama pode dançar,
E em corações perdidos, se fazer encontrar.

No manto da noite, onde estrelas descansam,
Umas luzes escondidas, em silêncio, avançam.
Somente nas trevas, o seu brilho pode nascer,
E a quem busca, o seu caminho oferecer.

Na escuridão, onde tudo se esconde,
Há uma luz, que o mistério responde.
Apenas nas sombras, pode se mostrar,
E nos momentos difíceis, nos iluminar.

Somente nas trevas,
o seu brilho pode
nascer,
E a quem busca, o
seu caminho oferecer.

REFÚGIO LUMINOSO

Na penumbra, onde o silêncio grita,
Uma luz se acende, e a escuridão evita.
Só no breu profundo, o seu brilho pode aparecer,
E a quem a encontra, a esperança oferecer.

No coração das trevas, onde poucos se aventuram,
Brilha uma luz, que o caminho estrutura.
Apenas na escuridão, o seu segredo pode revelar,
E nos momentos de dúvida, nos guiar.

Na vastidão escura, onde o olhar não alcança,
Há uma luz, que nunca cansa.
Somente nas trevas, o seu fogo pode queimar,
E em almas errantes, se fazer lar.

16

complexa trama da vida, sempre em movim
Percebo uma busca, de encanto e sentimen

EM BUSCA DO BELO

Na complexa trama da vida, sempre em movimento,
Percebo uma busca, de encanto e sentimento.
Em direção a um mundo, onde o belo brilha forte,
E onde a justiça reina, em cada canto e porte.
Como se desenha a vida, cada um tem o seu traço,
Mas vejo-a como uma busca, por um abraço.
Explorando a existência, tão   vasta e profunda,
Em busca de um mundo, onde o amor se funda.

Explorando a vida, com os seus altos e baixos,
Em busca de um mundo de abraços e laços.
Amor e belo, os tesouros a encontrar,
Na tapeçaria da vida, sempre a se entrelaçar.

Na tela da vida, onde tudo se entrelaça,
Percebo uma senda, que nunca passa.
Em busca de beleza, amor e paixão,
Num mundo onde reina, o coração.

Independente de visões, ou como se compreenda,
A vida é uma jornada, que nunca se encomenda.
Explorando a essência, do que é viver,
Em busca de um mundo, onde se pode crescer.

Na vastidão da vida, com os seus percalços,
Percebo uma busca, por abraços e laços.
Pela compaixão, concretização e pelo belo a brilhar,
Na tapeçaria da existência, sempre a se entrelaçar.

VISÃO DO MUNDO

18

O DESENHO DA EXISTÊNCIA

Não importa como cada um define o seu ser,
A vida é exploração, um eterno aprender.
Na rede da existência, complexa e bela,
Buscamos um mundo, onde a alma se revela.

Independente de como a vida se apresenta,
Vejo-a como uma arte, que a nossa alma sustenta.
Explorando o esboço, de cada sensação,
Em busca de amor, beleza e redenção.

Na vida intelectual, em constante progressão,
Há abstração, generalização, e assunção.
Estes três elementos, de mãos dadas a dançar,
Formam uma dança, que não cessa de rodar.

É evidente e claro, sem hesitação,
Que a mente viaja, em busca de elevação.
Abstração, generalização e também assunção,
Juntas, formam um ritmo, em harmoniosa canção.

A AURORA DAS PALAVRAS PERDIDAS

Abstrair, generalizar, e então assumir,
São etapas de um caminho, a seguir.

REFLEXÕES PROFUNDAS

No mar do intelecto, em constante
agitação,
Há três correntes, em perfeita união.
Abstração, generalização, e a assunção,
Tecem juntas a rede, da
compreensão.

Na estrada intelectual, sem direção,
Há marcos que guiam, nossa reflexão.
Abstrair, generalizar, e então assumir
São etapas de um caminho, a seguir.

No castelo do intelecto, em construção,
Três pilares sustentam, nossa fundação.
Abstração e generalização, com assunção ao lado,
Erigem juntos, um edifício alçado.

MAPAS DO PENSAMENTO

Se palavras não são coisas, no universo da oração,
E mapas não são terras, na real dimensão.
Então o elo entre ambos, com clara intenção,
É a estrutura que une, em perfeita ligação.

No vasto campo das letras, há uma observação:
Que palavras e coisas têm distinta fundação.
Mas a estrutura é a ponte, na sua pura condição,
Que liga o mundo real à nossa expressão.

Se um mapa não é terra, na sua representação,
E palavras não são coisas, mas mera ilustração.
A estrutura surge então, com firme determinação,
Como o laço que unifica, em perfeita construção.

A AURORA DAS PALAVRAS PERDIDAS

No mosaico da mente, de ampla dimensão,
Três cores brilham, com intensa vibração.
Abstração, generalização e firme
assunção,
Juntas, pintam o quadro da reflexão.

No mundo das palavras, há uma
distinção,
Entre o que é dito e a sua real definição.
Mas a estrutura, na sua nobre função,
É o elo que une, sem hesitação.

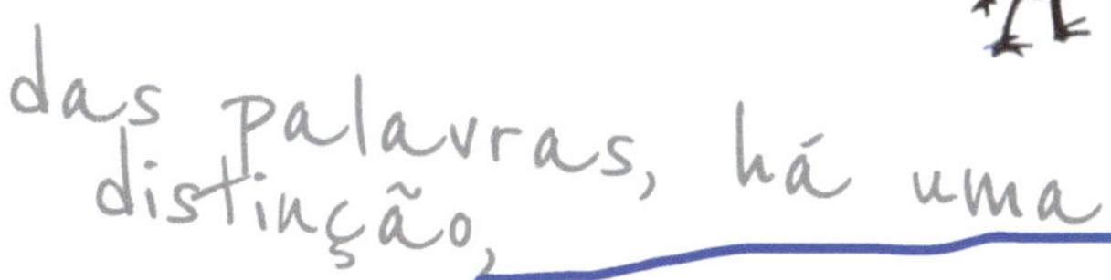

MOSAICO INTELECTUAL

O TEATRO DAS PALAVRAS

No palco das palavras, na sua representação,
E mapas que não tocam a terra, na sua projeção.
A estrutura é o 'script', em fiel transcrição,
Que une o dito ao real, em pura conexão.

No diálogo entre o mundo e o que é expressão,
Palavras não são coisas, e mapas, não o chão.
A estrutura se eleva, com clara missão,
De ser a ponte entre ambos, em harmoniosa fusão.

Olhe para e
a
Imagine-os c

TESOUROS DO TEMPO

Olhe para estes tesouros, tempo em arte confinado,
Imagine-os desaparecidos, pelo vento levado.
E o peso dessa perda, profundo e desolado,
Será a medida que sentes, do que era tão valorizado.

Em frente a estas relíquias, o tempo ali gravado,
Se as tirassem de vista, sentiria o peito apertado.
A vastidão da ausência, o vazio revelado,
Mostra o quanto são caros, ao coração ancorado.

Observa estas joias, onde o tempo está moldado,
Imagina um mundo, onde sejam apagados.
E nesse vazio profundo, e no lamento ecoado,
Sentirás a dimensão, do amor que lhes foi dado.

25

Frente a estes monumentos, o passado é celebrado,
Mas se desaparecessem, sentiria o choque a cada lado.
O tamanho da dor, no coração cravado,
Revela o quanto são, no nosso ser enraizado.

Nestes tesouros cintilantes, vês o tempo encapsulado,
Se os tirarem de ti, sentirás o mundo desmoronado.
O vazio que sentes, com tal perda enfrentado,
É a escala do amor, por eles cultivado.

Estas peças reluzem, com o tempo nelas gravado,
Se desvanecessem, sentirias o impacto do recado.
A magnitude da tristeza, de tal desenlace encarado,
Mostra o quanto são parte, do teu ser apaixonado.

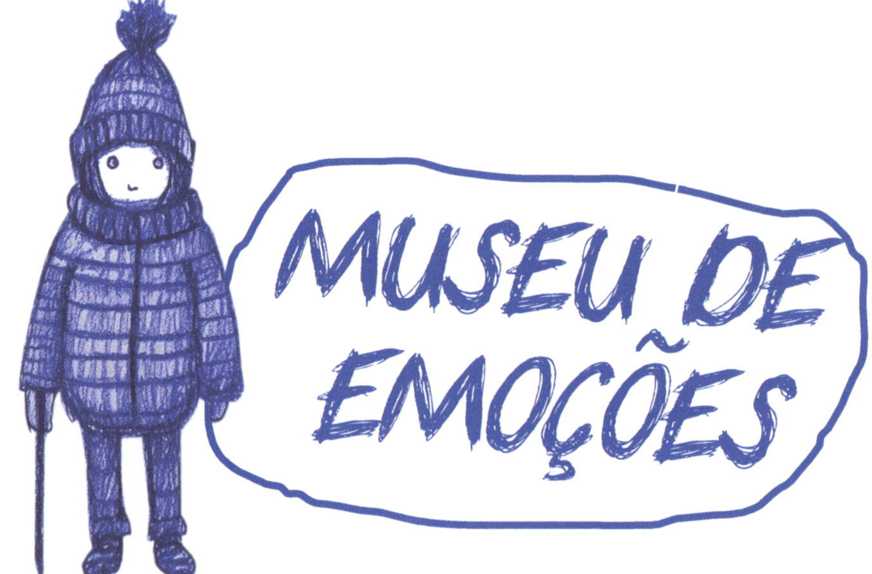

Nos cantos destas relíquias, o tempo é abraçado,
Se fossem arrancadas, o mundo pareceria errado.
O eco da perda, no silêncio instalado,
É o termómetro do valor, por eles alcançado.

Ao mirar estas cantigas, onde o tempo é honrado,
Imagine-as perdidas, no esquecimento lançado.
E a profundidade da dor, no teu peito gravado,
Revelará a importância, que a eles havias dado.

Perante tais cantigas, com o tempo abraçado,
Se as retirassem daqui, te sentirias desolado.
A melodia da perda, nos teus ouvidos tocado,
Revela o valor e a paixão, a eles associado.

REFLEXO INTERNO

Não me importa o que sou aos olhos alheios,
Mas sim o que vejo, ao mirar os meus anseios.
Para mim mesma, é que busco ser verdadeira,
Porque é neste espelho, que encontro o primeiro.

Aos outros, talvez, seja apenas um grão,
Mas para mim, sou vasta como um clarão.
Importa-me mais o que sinto por dentro,
Do que a efémera opinião, levada pelo vento.

Não é no olhar do outro que me definirei,
Mas no profundo sentir que em mim guardarei.
Sou mais do que a vista alheia pode alcançar,
Sou o universo que em mim mesma posso explorar.

Aos olhos do mundo, posso ser um mistério,
Mas para mim, sou clara como um dia sério.
Não busco ser o reflexo de expectativas vãs,
Mas a essência pura das minhas próprias manhãs.

A BÚSSOLA INTERIOR

Pode o mundo ter de mim uma visão deturpada,
Mas conheço a minha alma, por mim tão amada.
O que realmente importa é o que sinto por dentro,
Porque é lá que reside no meu verdadeiro centro.

O que penso de mim, é a bússola a guiar,
Não o eco distante do que outros vão falar.
No meu coração, a verdade eu sempre verei,
E é nessa luz interna que sempre confiarei.

A opinião alheia é como vento a soprar,
Mas o que sinto por dentro é rocha a ancorar.
Na minha autoestima, encontro a direção,
Pois o que sou para mim, é a verdadeira
canção.

29

As ideias que temos, firmes e tão certas,
Revelam muitas vezes uma mente ainda
aberta.
O que julgamos puro, verdadeiro
e maduro,
Pode ser só um vislumbre do
pensar ainda obscuro.

As nossas convicções firmes sobre o que é o mundo,
São indícios de uma mente que ainda não é profundo.
Pois ao amadurecer, percebemos com clareza,
Que a verdade é complexa, repleta de beleza.

O que tomamos como base, tão essencial e claro,
Pode ser, na verdade, apenas um passo raro.
O crescimento vem, e com ele a reflexão,
Mostrando que as nossas certezas tinham chão de
ilusão.

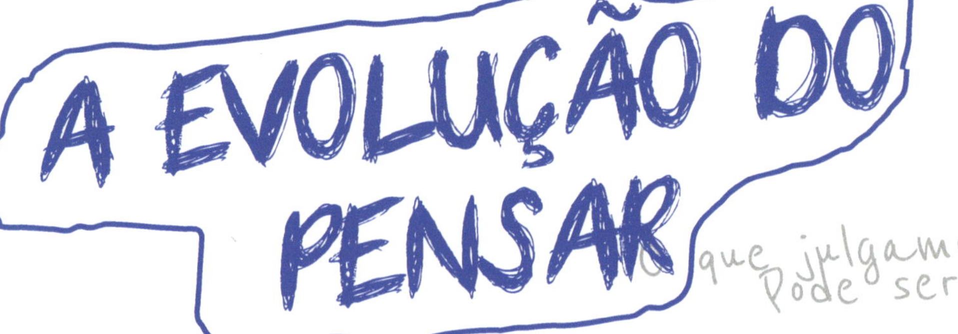

A AURORA DAS PALAVRAS PERDIDAS

Nossas ideias iniciais, tão firmes e precisas,
Revelam a juventude de mentes ainda indecisas.
Com o tempo e a vivência, compreendemos, enfim,
Que o mundo é mais vasto do que o olhar de um jardim.

As certezas que temos sobre a vastidão do ser,
Podem ser meros reflexos do que ainda temos a
aprender.
O que julgamos correto, verdadeiro na nossa visão,
Pode ser a indicação de uma mente em gestação.

Ao olhar o mundo com olhos tão determinados,
Percebemos que os nossos conceitos são por vezes
limitados.
A verdadeira sabedoria reside em reconhecer,
Que a nossa mente jovem ainda tem muito a crescer.

PROFUNDEZAS DO ENTENDER

Se é simples e descomplicado,
Por que o faria, sem ser desafiado?
Busco na vida o mistério, o encanto,
Não o caminho plano, sem pranto.

O fácil, muitas vezes, não seduz,
Pois não nos leva a carregar a cruz.
É no desafio, na escalada sem fim,
Que encontramos o melhor de mim.

Tudo que é fácil pode não ter sabor,
Pois não carrega consigo o suor.
É no difícil, no quase inatingível,
Que encontramos o verdadeiro
incrível.

(32)

A LÓGICA DO ESFORÇO

Se todo ato é simples, sem labuta,
Onde está a lição, a disputa?
Na resistência, no obstáculo a enfrentar,
Está a essência do que é se superar.

Se a cada passo não sinto o peso,
Onde está o mérito, o apreço?
Busco no árduo a chama da
paixão,
Pois é nele que pulsa o coração.

33

A Arte da Dificuldade
A Arte da Dificuldade

A ARTE DA DIFICULDADE

Se é fácil, por que o faria?
Na dificuldade, encontro a magia.
Pois é no complexo, no tortuoso e raro,
Que desenho a minha arte, meu fado.

Por que optar pelo caminho reto e claro,
Quando é na escuridão que vejo o raro?
O fácil pode não trazer evolução,
Mas o difícil molda o coração.

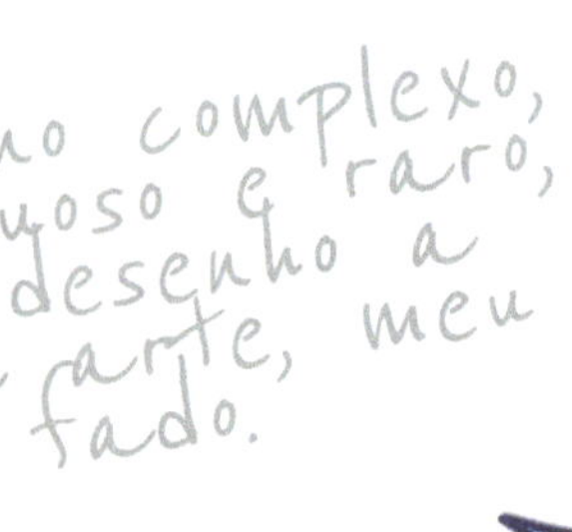

A AURORA DAS PALAVRAS PERDIDAS

Nada jamais é conquistado, apenas visto,
Como estrelas, pelo cosmos infinito.
Somos meros espetadores do grande
espetáculo da vida,
Testemunhas do que é perdido, do
que é erguido na lida.

Não alcançamos, só observamos com
atenção,
Cada feito, cada gesto, é uma mera
projeção.
No teatro da existência, onde a vida se desenrola,
Nada é verdadeiramente nosso, tudo simplesmente voa.

Nada é nosso, nada é alcançado,
Tudo é visto, tudo é notado.
Na vastidão da história, na sua imensidão,
Somos olhos que observam, coração em contemplação.

OBSERVADORES SILENCIOSOS

NA BEIRA DO INFINITO

Toda a conquista, toda a glória percebida,
Não é nossa, mas da vida.
Somos meros reflexos de uma luz maior,
Testemunhas do belo, do amor e da dor.

Nada é feito, tudo é refletido,
Em olhos que observam, em silêncio, compungido.
Toda a ação, todo o gesto, toda a criação,
É apenas um eco, uma breve visão.

À margem da eternidade, observamos
em quietude,
Nada é conquistado, tudo é atitude.
Na dança da existência, no girar do
sol e da lua,
Somos testemunhas, a vida
continua.

36

DANÇA DA REFLEXÃO

Na dança da mente, na sua canção,
Três passos guiam, a nossa evolução,
Abstração, generalização, e com convicção,
assunção,
Formam, juntos, a coreografia da razão.

No oceano do intelecto, em expansão,
Há três ventos, que guiam a embarcação,
Abstração, generalização e assunção em ação,
Levam-nos adiante, na nossa missão.

Pela estrada do saber, em
contemplação,
Três guias nos levam, pela mão,
Abstrair, generalizar, e assumir com paixão,
São etapas de uma jornada, em constante
ascensão.

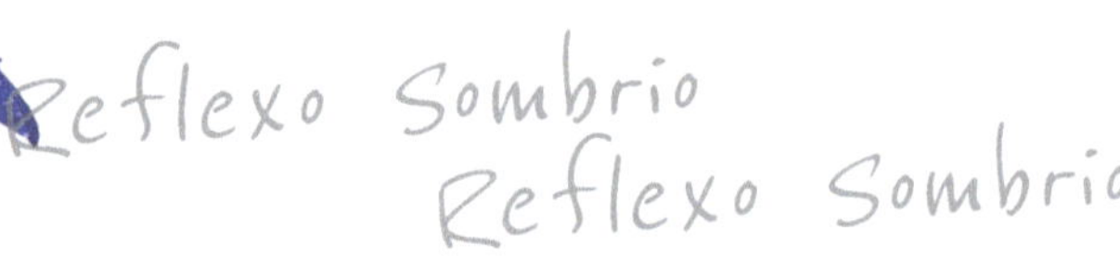

REFLEXO SOMBRIO

Mente desinformada, terra sem luz,
Dá origem a decisões, que a razão não traduz.
Caminhos tortos, escolhas sem norte,
Nasce da ignorância, um triste corte.

Na lagoa da mente, sem informação,
Reflete decisões de pura ilusão.
A sombra do desconhecido, no seu mirar,
Gera escolhas, sem rumo para andar.

Uma mente vazia, sem saber cultivar,
Faz decisões errantes, sem lugar para ancorar.
No escuro do desconhecimento, se perde,
E em decisões irracionais, se mete.

Barco à deriva, no mar do não saber,
Navega sem rumo, sem onde se deter.
Decisões sem bússola, sem direção,
Afundam no oceano da confusão.

Mente desinformada, campo sem
semeadura,
Dá frutos de decisões, de pura
conjetura.
Sem nutrientes do saber, a mente declina,
E a irracionalidade, rapidamente, domina.

Dentro da mente, sem luz, sem farol,
Decisões errantes traçam o seu arrebol.
Perdido no labirinto do desconhecido,
O pensamento, por si só, é destruído.

LABIRINTO INTERNO

O pensamento, por si só, é destruído.

39

Em faíscas de curiosidade, a jornada se inicia,
Uma paixão espontânea, como magia.
A cada passo, novos horizontes
revelam-se, grandiosos,
Surpresas e descobertas, momentos
maravilhosos.

Cada lugar visitado, uma melodia
diferente,
Refina os sentidos, torna a alma clemente.
A observação se aprofunda, rica e vivaz,
Na dança do conhecimento, cada passo é capaz.

REFINANDO OS SENTIDOS

40

PAISAGENS INEXPLORADAS

A paixão espontânea, como um rio a fluir,
Revela territórios escondidos, faz a alma expandir.
A cada nova paisagem, a compreensão se alastra,
E o mundo se torna um livro, uma obra-mestra.

Na busca incitada pelo encanto do novo,
Cada vislumbre de paixão leva a um tesouro.
Paisagens desconhecidas se desdobram,
vastas e belas,
Aprofundando o olhar, sob estrelas singelas.

Por faíscas de raridade, somos conduzidos,
A paisagens inexploradas, por paixões
construídos.
A cada novo avanço, os nossos
sentidos se afinam,
E nas asas da compreensão, mais alto,
determinam.

A curiosidade incita viagens por terras distantes,
Onde a paixão revela, a cada passo, diamantes.
A compreensão se aprofunda, como raízes no solo,
E a visão do mundo se transforma, um voo solo.

Jornadas nascem do toque suave da curiosidade,
E na efervescência da paixão, encontram a cidade.
Um universo de surpresas, de aprendizagem sem fim,
A cada nova terra visitada, um novo jardim.

42

BUSCA INFINITA

Haverá uma verdade se continuarmos a avançar?
Terá esta jornada um ponto para ancorar?
Mas a mente curiosa, com olhos ávidos de ver,
Não conhece pausas, não sabe se deter.

Pressionamos adiante, entre estrelas e marés,
A jornada, talvez sem fim, mas cheia de fé,
Buscando uma resposta que no silêncio se esconde.
Segue, pois a preciosidade ao desconhecido
responde.

A marcha audaz não conhece limites, nem fronteiras,
Avança, indomável, pelas noites estreladas, inteiras.
Sem saber se há um fim, ou uma verdade a
encontrar,
Mas a beleza do inexplorado, continua a encantar.

Cada passo, uma revelação, um novo universo,
A curiosidade, nossa bússola, em verso.
Não sabemos se há um destino, um final arrebatador,
Mas a ânsia por vistas inéditas é um motor.

A curiosidade é um chamado, uma melodia doce,
Que nos leva adiante, onde o mistério se encobre.
Sem garantias de verdade, sem promessas de fim,
Ainda assim marchamos, pois é esse o nosso sim.

Será que uma verdade nos aguarda, profunda?
Será que esta estrada tem uma última rotunda?
Não sabemos, mas a mente curiosa não descansa,
Avança, sempre avança, na esperança da bonança.

A incerteza não é um empecilho, mas um chamado,
Uma canção que nos leva a terras do inexplorado.
Não sabemos se há um fim, ou uma revelação,
Mas a marcha prossegue, alimentada pela paixão.

Há algo em nós, um ímpeto insaciável,
Que anseia pelo desconhecido, inescrutável.
Porque na quietude do "saber tudo" não
encontramos repouso,
Mas uma inquietude, um anseio poderoso.

Buscamos os "lagos" nunca vistos,
Em mares profundos, em céus infinitos.
A conclusão da aventura não é o fim desejado,
Mas um sinal de que o maravilhar foi abandonado.

ALÉM DAS ESTRELAS CONHECIDAS

Na conformidade do conhecido, encontramos um
deserto,
Desprovido da emoção do mistério descoberto.
Marchamos, olhos postos no além,
Onde os desconhecidos, como estrelas, retêm.

A sensação de completude, de tudo entender,
É o lamento da curiosidade a morrer.
Mas dentro de nós, um universo a explorar,
Continuamos a busca, um incessante caminhar.

Para além das teorias, das experiências vividas,
Há uma terra incógnita, de promessas infindas.
E é aí que nos encontramos, olhos a brilhar de
excitação,
Na busca perpétua, na infindável exploração.

46

MENSAGEM CODIFICADA

Caos, uma dança selvagem, um desfile sem rédea,
É apenas a ordem, em silêncio, à espera da sementeira.
No turbilhão aparente, há um código, uma esteira,
Levando à harmonia, silenciosa, mas
verdadeira.

Neste caos pulsante, onde tudo parece
perdido,
Reside uma ordem, um segredo bem
guardado, não contido.
A cada turbilhão, uma mensagem
codificada,
Aguardando a leitura, a interpretação
almejada.

47

A ESPERA SILENCIOSA

No tumulto do desconhecido, na tempestade
veemente,
Jaz a calma, serena, pacientemente.
Caos não é desordem, mas um enigma a ser lido,
Uma canção de ordem, no seu ruído inaudível.

Onde o olho vê tumulto, a alma vê dança,
Uma coreografia de elementos, plena de
pujança.
Caos é a ordem ainda não
revelada,
Uma sinfonia de notas, à espera
de ser aclamada.

Estrelas em desalinho, marés em fúria, ventos revoltos,
Não são senão melodias, aguardando serem soltas.
No caos, a ordem tece o seu delicado bordado,
A cada fio, um universo, magicamente entrelaçado.

A desordem aparente, a confusão visível,
É apenas um prelúdio, uma ordem invisível.
Na cacofonia do caos, há uma sinfonia
escondida,
Uma melodia de ordem, à espera de ser
desprovida.

Caos, não mais que um véu sobre a face da ordem,
Um mistério indomado, uma beleza que não se deforma.
Na tempestade da incerteza, nas ondas da confusão,
Jaz a serenidade da certeza, a clareza da visão.

O ENIGMA DO UNIVERSO

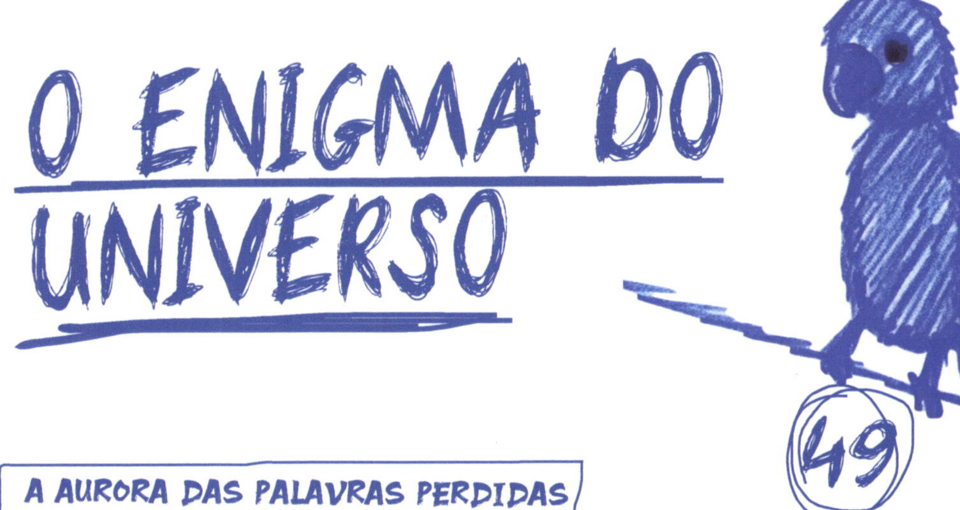

SINCERIDADE E ARREPENDIMENTO

Se hoje sou sincera, de alma exposta e franca,
Que importa o amanhã, se a dúvida me arranca?
A sinceridade é um rio, fluindo sem contenção,
E o arrependimento, a maré da reflexão.

Na verdade, do momento, eu me desvendo,
Sem temor do amanhã, sem receios que me prendo.
A sinceridade é um sol, iluminando o agora,
O arrependimento, a lua, que em silêncio chora.

Se sou verdadeira hoje, na clareza do meu ser,
Que importa o arrependimento que o
amanhã pode trazer?
A vida é um teatro de sombras e luz,
E cada ato é efémero, cada momento se
traduz.

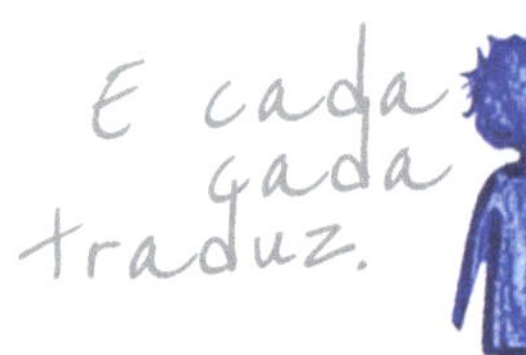

O VALOR DO AGORA

Na sinceridade do agora, construo-me e sou inteiro,
 Mesmo que o amanhã traga-me um olhar pereneiro.
Porque no ímpeto de cada confissão sincera,
Há uma beleza que a alma venera.

Se hoje me desnudo em palavras e ações,
E o amanhã traz reflexões e admoestações,
 Saiba que cada momento é uma obra de arte,
E a sinceridade, na sua essência, é uma parte.

51

ARTE DA IMPERFEIÇÃO

Na sinceridade reside a pureza do hoje,
No arrependimento, a reflexão do amanhã, um broche.
Mas viver é essa dança, entre a luz e a sombra,
É ser mar e rio, montanha e alfombra.

Nas falhas que carregamos, nos definimos,
Mais que nas vitórias que, orgulhosos, sublimamos.
Somos a soma dos erros, imperfeitos, humanos,
Estrelas cintilando em céus distantes, insanos.

Sou mais arte nas falhas, menos ciência nas vitórias,
Cada imperfeição, um poema, uma história.
Na tela da vida, defeitos são cores vibrantes,
E qualificações, sombras distantes.

É ser mar e rio, montanha e alfombra.

Não são os diplomas que nos tornam inteiros,
Mas as cicatrizes, testemunhas de antigos
sendeiros.
Cada falha, um capítulo escrito na nossa pele,
Um mapa estelar, onde a nossa verdade se revele.

Bailamos não ao som dos aplausos, mas dos tropeços,
Cada passo incerto, um universo de começos.
Somos mais os medos, as dúvidas, as incertezas,
Jardins florescendo em constantes surpresas.

Nossos títulos, honrarias, em silêncio, repousam,
Enquanto os nossos defeitos, audaciosos, se
expõem.
Na galeria da existência, cada falha é um quadro,
Pintando a epopeia de seres alados.

DANÇA DOS DEFEITOS

Essa essência misteriosa, vasta e pr
É o que somos, onde a nossa alma se

Em cada erro, uma essência mais sincera,
Não as medalhas, mas a falha é que espera.
Para contar a nossa história, desenhar o nosso ser,
É o erro, não o acerto, que nos faz renascer.

Nos refúgios dos defeitos, nos descobrimos,
Não nas salas douradas dos êxitos infindos.
Somos barro moldado pelas mãos do
imperfeito,
Obra-prima nascida do artista insurreto.

Dentro de nós, mora o indefinível,
Uma essência sem nome, imutável e não
transigível.
Essa essência misteriosa, vasta e profunda,
É o que somos, onde a nossa alma se funda.

O ENIGMA DO SER

Nas profundezas do ser, além da razão,
Mora um enigma, puro coração.
Sem nome, sem forma, mas vibrante de vida,
É o que somos, jornada não contida.

Não há etiquetas que possam nomear,
O que no nosso íntimo vive a pulsar.
É uma dança silenciosa, uma luz sem cor,
Esse é o nosso ser, no seu puro ardor.

Não há palavras ou melodias,
Que possam descrever as nossas sinfonias.
Dentro de nós, um mistério se embala,
É o que somos, luz que não se fala.

55

Dentro do peito, para além do palpável,
Existe um algo, inominável.
É um canto silente, uma melodia muda,
Nossa verdadeira essência, luz crua.

Somos mais que palavras, mais que definições,
Há em nós rios secretos, silenciosas canções.
Esse algo que pulsa, vive e respira,
É nossa essência, chama que inspira.

Em cada alma, um universo sem nome se desvela,
Onde a essência dança, livre e singela.
Não se define, não se captura em versos,
É o mistério vivo, universo diverso.

O PULSAR OCULTO

56

O OLHAR DO UNIVERSO

Na nossa breve passagem, no nosso canto mudo,
Vemos o universo, no seu todo.
Nada é alcançado, tudo é revelado,
Somos o olhar do cosmos, eternamente maravilhado.

As nossas firmes convicções sobre o cosmos e a vida,
Revelam uma mente na sua jornada ainda inibida.
Com o tempo, descobrimos que para verdadeiramente ver,
Precisamos reconhecer o quanto ainda temos a aprender.

A AURORA DAS PALAVRAS PERDIDAS

A ARTE DA ESTRUTURA

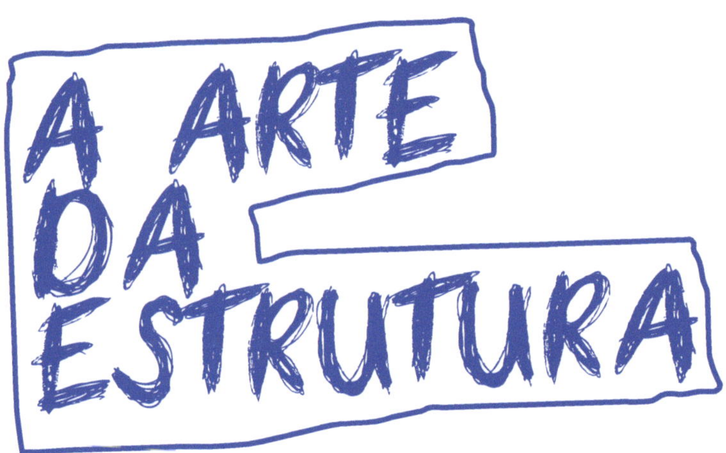

No ballet das palavras, na sua dança em vão,
E nos mapas, que não são a terra na sua mão,
A estrutura é a coreografia, em
constante evolução,
Que une o real e o dito, em perfeita
sincronização.

Entre o real e o dito, há uma separação,
Mas a estrutura, na sua complexa configuração,
É o elo que une, com clara precisão,
O mundo objetivo e a nossa interpretação.

A estrutura é a coreografia,
em constante evolução,
Que une o real e o dito, em
perfeita sincronização.

58

A DANÇA DA VERDADE

A Dança da Verdade
A Dança da Verdade

Hoje, na pureza do instante, me revelo,
Amanhã pode trazer o arrependimento, um desvelo.
Mas cada dia é uma dança, um movimento,
E na sinceridade, encontro o meu alento.

Libertos dos súbitos sustos, das perguntas sem fim,
Pode parecer que alcançamos um jardim.
Mas essa verdade é uma prisão disfarçada,
Onde a excitação da descoberta é abandonada.

Mas essa verdade
disfarçada,
Onde a excitação
abandonada.

A AURORA DAS PALAVRAS PERDIDAS

O ENCANTO DA EXISTÊNCIA

Cem vidas, cem tramas entrelaçadas,
Em cada entrosamento, almas conectadas.
Dias e noites, mestres silenciosos,
Na arte de viver, somos graciosos.

Como a lua reflete o sol, assim é nossa jornada,
Cem existências, luz e sombra entrelaçadas.
Cada reflexo, um dia vivido, uma noite sonhada,
Na tapeçaria do tempo, a alma é marcada.

Em mares profundos, a vida se desvela,
Cem existências são ondas, bela aguarela.
Dias são marés altas, noites,
profundezas,
Na dança das águas, encontramos
riquezas.

Não isoladas,
fios de uma.
Iluminam
escuridão, be
alheia.

Cada criação,
um encanto, um
mistério,
No coração da
ança, um império.

60

A SINFONIA DA ETERNIDADE

Na partitura do cosmos, dias são notas claras,
Noites, pausas misteriosas, raras.
Cem vidas compõem a melodia eterna,
Na sinfonia do existir, a alma governa.

Em notas, acordes, melodias,
A humanidade os seus dias fia.
Não somos solo, mas coral,
Na sinfonia cósmica, universal.

Na melodia eterna da existência,
Celebramos a interdependência.
Somos notas, acordes, canção,
Na sinfonia do universo,
comunhão.

A TAPEÇARIA DA VIDA

No toque suave de mãos pequeninas,
Mundos se formavam, destino de estrelas divinas.
Cada criação, um encanto, um mistério,
No coração da criança, um império.

Nossa força, não jaz na solidão,
Mas na teia de mãos, construindo nação.
É no nós, não no eu, que resplandece,
A luz de mil estrelas, que a escuridão aquece.

Como estrelas numa galáxia expansiva,
As nossas almas entrelaçam a trama viva.
Não isoladas, mas fios de uma teia,
Iluminam a escuridão, beleza alheia.

Na galeria do ser, cem quadros pendurados,
Dias coloridos, noites, contrastes marcados.
Cada pincelada, um respirar, um existir,
Na arte da vida, somos telas a luzir.

Como um alquimista de antigos tempos,
Transformava ideias em ventos.
E cada vento, uma canção,
Ecoando a magia da criação.

Em silêncio profundo, a alma ressoa,
É o canto do universo, que em nós ecoa.
Na compressão poética, o autor se perde,
E nas veredas do tempo, se reconhece.

63

O ARTISTA NASCE

Entre cores e formas, o artista se revela,
Na dança das sombras, a luz singela.
Cada obra, um sopro de vida,
Na tela em branco, a magia é inscrita.

Na tela, na pedra, no papel,
Desenhava o céu, o carrossel.
Em cada volta, uma criação,
No centro da arte, puro coração.

Mãos que tocaram, moldaram,
criaram,
No meu barro, formas
variadas talharam.
Sou escultura viva,
dinâmica, mutante,
Obra de artistas,
presentes, distantes

Obrigado!